BEI GRIN MACHT SICH IHR WISSEN BEZAHLT

AF153952

- Wir veröffentlichen Ihre Hausarbeit,
  Bachelor- und Masterarbeit

- Ihr eigenes eBook und Buch -
  weltweit in allen wichtigen Shops

- Verdienen Sie an jedem Verkauf

Jetzt bei www.GRIN.com hochladen
und kostenlos publizieren

GRIN ☺

Macht, Glück und Leistungsmotivation. Begriffserklärungen aus der Psychologie

GRIN

Bibliografische Information der Deutschen Nationalbibliothek:

Die Deutsche Nationalbibliothek verzeichnet diese Publikation in der Deutschen Nationalbibliografie; detaillierte bibliografische Daten sind im Internet über http://dnb.d-nb.de abrufbar.

ISBN: 9783346328915
Dieses Buch ist auch als E-Book erhältlich.

© GRIN Publishing GmbH
Nymphenburger Straße 86
80636 München

Alle Rechte vorbehalten

Druck und Bindung: Books on Demand GmbH, Norderstedt Germany
Gedruckt auf säurefreiem Papier aus verantwortungsvollen Quellen

Das vorliegende Werk wurde sorgfältig erarbeitet. Dennoch übernehmen Autoren und Verlag für die Richtigkeit von Angaben, Hinweisen, Links und Ratschlägen sowie eventuelle Druckfehler keine Haftung.

Das Buch bei GRIN: https://www.grin.com/document/977951

Einsendeaufgabe

Einführung in die Psychologie

Alternative B

SRH Fernhochschule

Modul:	Einführung in die Psychologie
Studiengang:	B. Sc. Psychologie

Inhaltsverzeichnis

Abbildungsverzeichnis

Macht

Der Mensch hat ein grundlegendes Bedürfnis nach eigener Sichtbarkeit, Überlegenheit, Stärke, Einfluss und Dominanz. Für die Befriedigung dieser Bedürfnisse bedarf es eines hohen Status, der einen leichteren Zugang zu Ressourcen gewährt. Auch im Tierreich ist der Mehrwert eines hohen Status ersichtlich. Ranghohe Tiere haben tendenziell mehr Sexualpartner und zeugen auch eine höhere Anzahl an Nachkommen.[1] Bei Menschen zeigen sich ähnliche Tendenzen, so haben Männer mit höherem Status im Schnitt eine höhere Anzahl an Geschlechtspartnerinnen.[2] Die Ausübung von Macht benötigt eine zweite Person, über die Macht ausgeübt werden kann. Der Machtausübende benötigt dafür einen Zugang zu den nötigen Ressourcen und die Anerkennung seines Gegenübers.[3] Der Machtbegriff wird von Schneider in Einfluss und Autorität gliedert. Dabei wird zwischen Einfluss, der eine freiwillige Unterordnung darstellt, und Autorität, der eine durch eine Norm legitimierte Machtbeziehung benötigt, differenziert.[4] Durch den genommenen Einfluss auf eine oder mehrere Personen wird ein Gefühl von Stärke und Überlegenheit erzeugt. Es wird vermutet, dass diese Gefühle eintreten, wenn es geschafft wird, seine Umwelt zu kontrollieren. Als Motiv für dieses Verhalten wird die Selbstwirksamkeit genannt, die durch Kontrolle über andere erlangt werden kann.[5] Für Macht werden gewisse Ressourcen benötigt, die French und Raven in 6 Quellen eingeteilt hat. Dies sind „Belohnungs- und Bestrafungsmacht", „Legitimierte Macht" (Erzielt aufgrund von Regeln und Normen), „Vorbildmacht", „Expertenmacht" (z.B. ärztliche Empfehlungen) und „Informationsmacht" (Einsetzung von Informationen gegen oder für eine Person).[6] Die Macht umfasst sowohl eine Hoffnungskomponente (Hoffnung auf Macht durch Einflussnahme) als auch eine Furchtkomponente (Furcht vor Machtverlust).[7]

Als Auslöser für eine verstärkte Ausprägung des Machtmotivs kann beispielsweise ein Elternteil sein, dass im Kindesalter tolerant gegenüber dem aggressiven Verhalten des Kindes (später machtausführende Person) war. Laut McClelland (1975) durchläuft der Mensch 4 Stadien in seiner Entwicklungsphase (von Kindheit bis Erwachsenenalter). Das erste Stadium umfasst das „anlehnende Machtstreben". Hierbei liegt die Quelle der Macht außerhalb der Person, kann aber trotzdem das Selbst stärken. (z.B. durch Konsum machtstärkender Medien) Das zweite Stadium bezieht sich auf

---

[1] Vgl. Schmalt 2009, S. 225.
[2] Vgl. Puca und Langens 2016, S. 190–229.
[3] Vgl. Schmalt und Heckhausen 2010, S. 213.
[4] Vgl. Schneider 1999, S. 408–414.
[5] Vgl. BRANDSTATTER et al. 2013, S. 55–56.
[6] Vgl. French und Raven 1959, S. 150–167.
[7] Vgl. BRANDSTATTER et al. 2013, S. 61.

das „selbstbezogene Machtstreben". Im Unterschied zum anlehnenden Machtstreben liegt hier die Quelle der Macht innerhalb der Person. (z.B. durch Sammlung prestigeträchtiger Güter). Im dritten Stadium geht es um das „personalisierte Machtstreben". Eine Person hat hierbei selbst Macht, diese bezieht sich aber auf andere (z.B. Wettkampfsport). Das vierte Stadium umfasst das „sozialisierte Machtstreben", bei der die Quelle der Macht bei einer anderen Person liegt und es sich auf eine andere Person bezieht. (z.B. Beitritt einer einflussreichen Organisation) [8]

Sehr machtorientierte Menschen zeigen andere Reaktionen als Menschen mit geringerer Machtmotivation. Menschen mit großer Machtmotivation verfügen über bessere Erinnerungsleistungen, die machtthematische Inhalte umfassen. Verhaltensweisen die als Ergebnis machtthematisch erfolgreich sind werden von Menschen mit großer Machtmotivation verstärkt angewendet, da diese zu mehr Macht und daher zu einem höheren Belohnungseffekt führen. Verhaltensweisen, die hingegen Macht schwächen werden tendenziell vermieden. Auch spezielle Verhaltensweisen wie Beeinflussungsversuche durch etwa körperliche Bedrohung oder Manipulationsversuche bei Verhandlungen, werden eher von Personen mit einer hohen Machtmotivation angewendet. [9] Von anderen Menschen werden sie aufgrund ihrer gestischen Fähigkeiten überwiegend als kompetenter und überzeugender eingeschätzt. [10] Männliche Hochmachtmotivierte haben tendenziell mehr Sexualpartner, häufiger Geschlechtsverkehr, sind oft in führenden Positionen und legen einen höheren Wert auf Prestigegüter wie teure Autos oder Uhren. Frauen, die sehr machtorientiert sind, haben insgesamt eine höhere Anzahl an Kreditkarten und mehr Schlankheitskuren gemacht. Generell zeigen sehr machtmotivierte Personen einen höheren Grad zur Risikobereitschaft, beispielsweise in Spielsituationen. [11] Eine Beobachtung von Winter zeigt, dass Studierende mit einer hohen Machtbereitschaft eher zu Berufen wie Psychologe, Geistlicher oder Journalist neigen. Auch umgeben sie sich eher mit zurückhaltenden Personen, tranken mehr Alkohol, nahmen mehr Drogen und hatten einen höheren Drang zu Pornografie. [12] Dies umfasst aber lediglich Personen, die Macht zur Verwendung des eigenen Nutzens einsetzen. Personen hingegen, die Macht in Verbindung mit hohem Verantwortungsbewusstsein haben, zeigen sich eher in gesellschaftlich akzeptierten Berufen wie z.B. Lehrer wieder. [13] Rheinberg unterscheidet zwischen „personalisierter Machtorientierung" und „sozialisierter Machtorientierung". Bei der „personalisierten Machtorientierung" kommt es zu einem positiven Nutzen der Eigeninteressen. Auch neigen Personen mit solchen Tendenzen dazu, Zwang

---

[8] Vgl. BRANDSTATTER et al. 2013, S. 57–58.
[9] Vgl. BRANDSTATTER et al. 2013, S. 58–59.
[10] Vgl. Schultheiss und Brunstein 2002, S. 553–582.
[11] Vgl. BRANDSTATTER et al. 2013, S. 59.
[12] Vgl. Winter 1973.
[13] Vgl. Puca und Langens 2016, S. 214.

und Kontrolle über andere ausüben zu wollen. Die „sozialisierte Machtorientierung" ist hingegen fremddienlich und dient dem Nutzen anderer Personen.[14]

Auswirkungen des ausgeprägten Machtmotives auf Führungsstil der Führungskräfte

Zwischen Führungskraft und Mitarbeiter existiert ein sozialer Austauschprozess. Um den gewünschten Einfluss auf Mitarbeiter zu erhalten, dient neben der Macht auch autoritäres Verhalten als ein geeignetes Mittel, weshalb diese Begriffe eng miteinander verbunden sind. Auch bei den Definitionen sind Verknüpfungen erkennbar. Einfluss wird als „Versuch andere in einer gewünschten Weise zu verändern" definiert. [15] Unter Autorität wird „das Recht, Vorrecht und Verpflichtung, welche mit einer bestimmten Position in einer Organisation oder einem sozialen System assoziiert sind" verstanden. [16] Die Macht zählt als „Fähigkeit einer Partei eine andere Partei zu beeinflussen".[17] Autorität kann eine Quelle für Machthandlungen darstellen.[18] Eine geeignete Herrschaftsform für Personen mit sehr ausgeprägten Machtmotiven sind autoritäre Führungsstile wie die Autokratie. Speziell für Personen mit „personalisierter Machtorientierung". Die Autokratie umfasst eine absolute Form einer Herrschaft über einzelner Personen, bei der durch strenge Kontrollen die Art der Herrschaft aufrechterhalten wird.[19] Für Personen mit „sozialisierter Machtorientierung" hingegen sind kooperative Führungsstille eine bessere Alternative, da sie auch den Nutzen anderer Personen dienen. Eine Möglichkeit dafür bietet der „konsultativ-kooperative Führungsstil", bei dem ein respektvoller Umgang zwischen Führungskraft und Mitarbeiter hohe Priorität hat.[20]

Bei Führungskräften sind gewisse Taktiken zur Machtanwendung und -erhaltung erkennbar. Nicht nur Führungskräfte können einen Nutzen aus taktischen Überlegungen ziehen, sondern auch untergeordnete Mitarbeiter. Yukl (2013) nannte 3 verschiedene Einflusstaktiken, die zur Zielerreichung angewendet werden können. Diese umfassen „Impression Management", „politische Taktiken" und „proaktive Taktiken". Ziel des Impression Managements ist es, dass eine Person darauf abzielt von anderen gemocht zu werden. Diese Taktik wird sowohl von Vorgesetzten als auch von untergeordneten Mitarbeitern angewendet. Eine Führungskraft wendet dieses Instrument unter anderem

---

[14] Vgl. Rheinberg und Vollmeyer 2012, S. 110–111.
[15] Vgl. Greenberg 2013.
[16] Yukl 2013.
[17] Yukl 2013.
[18] Vgl. Lippmann 2019, S. 938–940.
[19] Vgl. Lippmann 2019, S. 951.
[20] Vgl. Baumgarten 1977, S. 41–43.

an, um die Möglichkeit der Beeinflussung auf Mitarbeiter zu erweitern. Politische Taktiken können Manipulationen, Täuschungen oder Machtmissbrauch umfassen. Ziel dabei kann sein, Entscheidungen innerhalb von Organisationen oder sozialen Konstrukten zu beeinflussen. Oft wird diese Taktik bei unterschiedlichen Gruppierungen in einem Unternehmen angewendet. Die proaktive Methode zielt darauf ab eine gewisse Aufgabe zu erfüllen. Hierbei können mehrere proaktive Taktiken (nach Yukl 2013) angewendet werden. Das sind die „Rationale Überlegung", die „Einschätzung/Beurteilung", der „Inspirierende Appell", die „Konsultation", die „Kollaboration", das „Einschmeicheln", der „Persönliche Appell", der „Austausch", die „Koalitionstaktiken", die „Legitimierungstaktiken" und der „Druck".[21] Für Personen mit hoher personalisierter Machtorientierung kann „Druck" oder „Legitimierungstaktiken" (Unterstreichung der Autorität, aufgrund bestehender Regeln[22]) ein geeignetes Mittel zur Machterhaltung darstellen. Dies kann zu einem positiven Nutzen der eigenen Interessen führen. Für Personen mit hoher sozialisierter Machtorientierung, kann z.B. ein „Austausch" ein geeignetes Instrument zur Mitarbeiterführung darstellen. Hierbei wird dem Mitarbeiter angeboten, bei fertiggestellter Arbeit belohnt zu werden. Der Nutzen ist somit auch fremddienlich.[23]

Für hochmachtmotivierte Personen können sich auch Drohungen und Versprechen als relevante Optionen der Machtausübung anbieten. Zu beachten ist, dass eine Drohung in einer Person Furcht auslösen kann und ein Versprechen Hoffnung wecken kann. Hierbei handelt es sich also um Methoden, durch die andere Personen gesteuert werden können. Etwaige Widerstände von Mitarbeitern müssen dabei einkalkuliert werden. Drohungen können als eine Art der Selbstbindung definiert werden, durch die der Drohende gezwungen wird, bei Nichteinhaltung seine Drohung umsetzen zu müssen, da er ansonsten an Respekt gegenüber seinen Mitarbeitern verlieren würden, was für hochmachtmotivierte Personen einen Schaden ihrer Glaubwürdigkeit (und daher auch ihrer Autorität) darstellen würde.[24]

Der Mitarbeiter hingegen muss Überlegungen machen, ob gegen die Drohung ein Widerstand lohnend ist oder ob eine Fügung die bessere Variante darstellt. Mögliche Widerstandsvarianten des Mitarbeiters umfassen Koalitionstaktiken (ein Mitarbeiter holt sich zur Hilfe Unterstützung, wie beispielsweise den übergeordneten Vorgesetzten) oder Gegendrohungen. Da Macht etwas nicht Absolutes darstellt, (kann nur solange über Person ausgeübt werden, wie es die andere Person zulässt und erlaubt) haben Mitarbeiter viele weitere Möglichkeiten, Widerstand zu leisten. Eine Art

---

[21] Vgl. Lippmann 2019, S. 945–948.
[22] Vgl. Lippmann 2019, S. 948.
[23] Vgl. Lippmann 2019, S. 948–951.
[24] Vgl. Lippmann 2019, S. 948–951.

des „passiven Widerstandes" umfasst beispielsweise der „Dienst nach Vorschrift". Hierbei werden alle formalen Regeln exakt eingehalten, auch jene, die in den vergangenen Jahren gebrochen wurden (aufgrund von Anweisungen). Dies kann zu einer Störung der Arbeitsabläufe und infolge auch zu Umsatzeinbußen führen.[25] Ein weiteres Mittel stellt der „aktiver Widerstand", in Form einer Arbeitsniederlegung und gleichzeitigem Protest, dar. Dies wäre ein wählbares Mittel des Widerstands gegen die Führungskraft bei etwaigem Machtmissbrauch.

Herausforderungen für Führungskräfte und ihre Entwicklung

Die Wichtigkeit der Macht liegt darin, dass nur mit Macht Ziele erreicht werden können, die über die Kraft des Einzelnen hinausgehen. Auch die Bewältigung von Krisen ist mithilfe machtvoller Personen leichter überwindbar. Dennoch ist es von essenzieller Bedeutung, Macht zu beschränken, um das Risiko eines eigendienlichen Machtmissbrauchs möglichst gering zu halten.[26] Für Führungskräfte könnte dies bedeuten, dass sie sich für ihr gesetztes Verhalten gegenüber dem Mitarbeiter verantworten müssen. Das bedeutet, dass ein gesetztes Verhalten, dass nicht der Firmenphilosophie oder dem gesetzlichen Rahmen entspricht, zu Konsequenzen führen kann. Auch können mögliche Mittel zur Machtausübung begrenzt werden. Dies ist z.B. der Fall, wenn ein direkter Vorgesetzter keine Mittel besitzt den Mitarbeiter zu sanktionieren. (z.B. ihn zu kündigen)

Besonders schädlich sind machtorientierte Führungskräfte für Mitarbeiter und sich selbst, wenn diese an psychischen Fehlentwicklungen leiden. Eine häufige Fehlentwicklung ist Narzissmus. Hierbei handelt es sich um eine übertriebene Individualität und „Herausgehobenheit", um sich von anderen abzugrenzen. Ein gewisses Maß an Narzissmus ist nicht schädlich, denn für anspruchsvolle Ziele benötigt es den Mut, um diese verwirklichen zu können. Bei dieser schädlichen Art des übertriebenen Narzissmus kommt es aber zu einem Identitätsverlust und zu einer Schaffung eines grandiosen und überlegenen Selbstbilds. Typische Anzeichen dafür sind Empathielosigkeit, Kritikunfähigkeit und Isolation. Es gibt mehrere Ansätze eine Führungskraft mit stark ausgeprägten Narzissmus Tendenzen weiterzuentwickeln. Empfohlen wird, mit dieser Person über Erfolge und Ziele zu sprechen. Das Ziel umfasst, dass der Vorgesetzte seine Leistungen und Ergebnisse höher einschätzt als seine Persönlichkeit.[27]

---

[25] Vgl. Lippmann 2019, S. 948–951.
[26] Vgl. Dihsmaier und Paschen 2011, S. 199–203.
[27] Vgl. Dihsmaier und Paschen 2011, S. 215–217.

Auch können Führungskräfte zu zwanghaft, analytischen Verhalten tendieren. Anzeichen dafür können eine hohe Tendenz zum Perfektionismus sowie eine extreme Kontrollorientierung sein. Dabei wird die Arbeit mehr als Struktur gesehen. Regelverstöße werden hart sanktioniert und jede Entscheidung muss analytisch abgesichert werden. Für die Entwicklung dieser Führungskräfte wird ein Coaching empfohlen, bei dem die Vorgesetzten lernen anderen zu vertrauen und Unsicherheiten zu ertragen. Hierbei muss auch gelehrt werden, dass es für eine Entscheidung auch oft Bauchgefühl und Intuition benötigt.[28]

Eine weitere psychische Störung wird als Egozentrismus verstanden. Hierbei werden starke Schwankungen der Identität festgestellt, in einer Kombination mit einer ausgeprägten Haltlosigkeit. Positiv ist etwa die Anpassungsfähigkeit und eine hohe Flexibilität der betroffenen Personen. Es gibt allerdings auch sehr negative Auswirkungen, die sich in Oberflächlichkeit und Instabilität der Vorgesetzen auszeichnen. Um eine egozentrische Führungspersönlichkeit persönlich weiterentwickeln zu können, sollten Maßstäbe vorgegeben werden, die akzeptiert werden müssen und dem Vorgesetzten einen gewissen Halt vermitteln sollen. Essenziell ist, dass das Denken auf Integrität und Nachhaltigkeit ausgerichtet sein muss.[29]

---

[28] Vgl. Dihsmaier und Paschen 2011, S. 219.
[29] Vgl. Dihsmaier und Paschen 2011, S. 218–220.

Glück

Glück ist eine Emotion, die kulturübergreifend am Gesichtsausdruck erkannt werden kann. Es wird angenommen, dass es sich daher um eine Basisemotion handelt. Bereits bekannte Philosophen wie Aristoteles befassten sich mit dem Thema. Aristoteles sah in dieser Emotion das zentralste Ziel und Gut des Menschen. Mitte des 20. Jahrhunderts fanden die ersten Untersuchungen zu Glück, Lebenszufriedenheit und Wohlbefinden statt.[30] Der Begriff des Glücks umfasst im deutschsprachigen Raum ein intensives, dauerhaftes und die ganze Person umfassendes Wohlbefinden. Von Glück abzugrenzen sind die „Belastungsfreiheit", die „Freude" und die „Zufriedenheit". Die Belastungsfreiheit ist im Gegensatz zum Glück weniger intensiv und wird als angenehmer Zustand der Unbeschwertheit und der Entspanntheit angesehen. Freude hingegen ist eine eher kurzfristige, an eine konkrete Situation gebundene Emotion, die in wachem Bewusstsein wahrgenommen wird. Zufriedenheit kann sich bereichsspezifisch (z.b. finanzielle Zufriedenheit) darstellen und wird als ruhiger Befindungszustand verstanden. Bei den genannten Begriffen kommt es zu einer „State-Trait-Differenzierung". Unter States werden situationsspezifische Gefühlszustände verstanden, wie zum Beispiel Freude, Lust und Belastungsfreiheiten. Bei Traits handelt es sich um Persönlichkeitseigenschaften wie Glück oder Zufriedenheit. Bei der Verbindung zwischen Trait und State gibt es zwei Ansätze, nämlich die Top-down-Ansätze und die Bottom-up-Ansätze. Der Top-down-Ansatz geht von einer Beeinflussung der Freude durch Glück aus. Der Bottom-up-Ansatz hingegen geht davon aus, dass die Summe aller Freude Glück ist.[31]

Merkmale von Glücksgefühlen sind laut Mayring beispielsweise die „Lebensbejahung", die „Produktivität und Kreativität", eine „hohe Sensibilität" und eine „soziale Aufgeschlossenheit". Es gibt die Annahme, dass die individuellen Ansprüche von Personen einen Einfluss auf diese Emotion haben. Vermutet wird auch, dass das Verhältnis zwischen Erreichten und gewollten Zielen dafür verantwortlich ist, wie glücklich eine Person ist. Je mehr Ziele erreicht werden konnten, desto größer das Glück. Laut Mayring gibt es vier Hauptkorrelate von Glück. Das sind der „Sozioökonomischer Status" (z.B. Bildungsstand, berufliche Status, finanzielle Situation), die „Soziale Integration" (z.B. vertrauensvolle Beziehungen, gesellschaftliche Teilhabe), die „Gesundheit" und

---

[30] Vgl. Mayring P. 2009, S. 585.
[31] Vgl. Mayring P. 2009, S. 585–588.

„Positive Lebensereignisse (z.B. Geburt der Tochter, Lottogewinn)".[32] Glücklichere Menschen neigen auch eher dazu hilfsbereiter zu sein(=fell-good-do-good-phenomenon). [33]

Auswirkungen von Glück

Für die Gesundheit, den Arbeitsalltag und die Lebensqualität kann Glück einen positiven Faktor darstellen. Positive Auswirkungen umfassen beispielsweise eine „aktivere Teilnahme am Leben", ein „höheres Bewusstsein", „eine höhere Sensibilität gegenüber Mitmenschen", eine „empathischere Wirkung auf Mitmenschen", ein „gesteigertes Selbstbewusstsein", eine „identitätsstiftende Wirkung auf die gesamte Persönlichkeit und das Selbstbild" sowie eine „gesteigerte Produktivität, Kreativität und Innovationskraft". Wer dauerhaft Glück empfindet, kann anhaltendem Stress (=Reaktion auf belastende Ereignisse) entgegenwirken. Hierbei kann das Risiko für beispielsweise Herzerkrankungen, Krebs, Schlaganfälle, Bluthochdruck oder vielen weiteren Krankheits- oder Todesursachen verringert werden. [34]

Damit positive Auswirkungen auf unsere Gesundheit sichtbar werden können, benötigt es ein langanhaltendes Glück. Laut Myers trägt Reichtum nicht zwangsläufig zu Glück bei (tendenziell hilft es eher kurzfristig), es hilft aber zur Vermeidung von Kummer. Das Glücksniveau ist teilweise vom Menschen selbst beeinflussbar. Zum anderen Teil wird es genetisch vererbt. Myers empfiehlt 10 Dinge, die jeder zur Verbesserung seines Glücksniveaus beitragen kann. Als Erstes ist es wichtig, sich klar zu machen, dass anhaltendes Glück in der Regel nicht von finanziellen Erfolgen abhängig ist. Der nächste Punkt umfasst eine Entscheidungsfreiheit über seine Zeit zu erlangen. Punkt 3 umfasst das bewusste glückliche Handeln, also die bewusste und getroffene Entscheidung glücklich zu sein. Als 4 Punkt werden die individuellen Fähigkeiten genannt, die in der Arbeit oder bei Hobbies so gut wie möglich eingesetzt werden sollten. Auch regelmäßiger Sport (Punkt 5) und ausreichender Schlaf (Punkt 6) können einen positiven Einfluss auf das Glück nehmen. Auch die Pflege von engen Beziehungen (Punkt 7), ein „Blick über seine eigene Person hinaus" (Punkt 8), eine generelle Dankbarkeit (Punkt 9) sowie eine spirituellen Pflege seiner Selbst wie zum Beispiel Meditation (Punkt 10), tragen zu einer Erhöhung des Glücksbefindens bei. [35]

---

[32] Vgl. Mayring P. 2009, S. 591–592.
[33] Vgl. Myers et al. 2014, S. 516–517.
[34] Vgl. Georg M. Vogel 2020.
[35] Vgl. Georg M. Vogel 2020.

Empirische Studien über Glück

Das Statista Research Department hat 2019 die wichtigsten Aspekte für das persönliche Glück veröffentlicht. Hierbei handelt es sich um eine Umfrage, die in Deutschland gemacht wurde und bei der 2026 Personen (alle Personen waren 18 Jahre oder älter) befragt wurden. Jeder Teilnehmer konnte mehrere Antwortmöglichkeiten auswählen, was für ihn ein glückliches Leben bedeutet. Mit über 50% ist „Gesundheit" bei dieser Befragung an Platz 1, als der wichtigste Aspekt für ein glückliches Leben. An Platz 2 mit 32% folgt eine „gesunde Partnerschaft" und auf Platz 3 (31%) „eine intakte Familie". Auf den weiteren Plätzen folgen „ausreichend Geld (25%)" sowie „ein schönes Zuhause (23%)". [36]

Eine ähnliche Erhebung wurde 2018 in Österreich gemacht. Gefragt wurde, was persönliches Glück für einen bedeutet. Diese Umfrage wurde von Marketagent erstellt und im Jahr 2018 erhoben. (Personen zwischen 14 und 69 Jahre durften daran teilnehmen) An dieser Studie nahmen 1001 Personen teil. Auch bei dieser Studie war „Gesundheit" mit 38,5% an erster Stelle. Auf dem zweiten Platz folgte mit 26,8% „die Familie" bzw. „eine Familie haben". Auf den dritten Platz (14,7%) folgte „Freunde haben". [37]

2018 wurde von Martin Mohr eine ähnliche Umfrage erstellt und durch Marktagent veröffentlicht, wie wichtig bestimmte Faktoren eingeschätzt werden, um glücklicher zu sein bzw. glücklicher zu werden. Dabei nahmen 1001 Personen zwischen 14 und 69 Jahren teil (Umfrage stammt aus Österreich). „Gesundheit" war auch hier mit 85,9% an Platz 1, auf den zweiten Platz kam „Wiedergesundung nach Krankheit" (75,8%) und auf dem dritten Platz „Humor" mit 59,8%. [38]

Eine Studie der Harvard Universität verfolgte mehr als 75 Jahren (Beginn 1938) die Entwicklung von insgesamt 700 Männern. Alle 2 Jahre wurden diese Männer gebeten einen Fragebogen auszufüllen. Ihre körperliche Gesundheit wurde alle 5 Jahre getestet. Die Forscher fanden heraus, dass Menschen mit „gesunden" Beziehungen zu ihren Mitmenschen (Freunde, Familie, Bekannten) glücklicher waren als jene Teilnehmer mit weniger „gesunden" Beziehungen. Festgestellt wurde, dass innerhalb einer Beziehung vor allem die Qualität dieser essenziell für das persönliche Glück ist. Die Quantität an Beziehungen spielt nur in jüngeren Jahren (bis ca. 30 Jahren) eine Rolle für das persönliche Glücksempfinden. Personen, die nie eine Scheidung oder eine schwere Trennung in ihrem Leben erlebt haben, schnitten in einem Gedächtnistest besser ab. Auch eine gesunde Ehe oder Partnerschaft fördert die Gesundheit und senkt das Risiko auf Demenzerkrankung. [39]

---

[36] Vgl. Statista Research Department 2019.
[37] Vgl. Statista Research Department 2020.
[38] Vgl. Statista Research Department 2018.
[39] Vgl. Tanya Lewis 2017.

Alternative B: Aufgabe 3

Risikowahlmodell von Atkinson

Ein vom Menschen gesetztes, motiviertes Verhalten ist das Ergebnis einer Entscheidung. Je höher das Verlangen ist ein Ziel zu erreichen, desto höher ist die Bereitschaft des Menschen für dieses Ziel auch etwas zu tun. Zu beachten ist, dass einer Person das Ziel auch erreichbar erscheinen muss. Der Ausgangspunkt von Atkinson beim Risiko-Wahl-Modell umfasst die Frage, welche Wahl eine Person bei unterschiedlichen Aufgaben trifft (Schwierigkeitsgrad zwischen Aufgaben variiert). Allgemein setzt sich die Motivation laut Atkinson formal aus Motivstärke × Erwartung × Anreiz zusammen. In Situationen bei denen Leistungen erbracht werden, ist das Leistungsmotiv (Motiv, Erfolg zu erzielen) von dem Misserfolgsmotiv (Motiv, Misserfolg zu vermeiden) abzugrenzen. [40] Eine Erwartung entspricht nach der Theorie von Atkinson die Wahrscheinlichkeit, dass eine Aufgabe erfolgreich erledigt wird. Eine Erwartung kann entweder eine persönliche Präferenz repräsentieren, ein Ergebnis einer zurückliegenden Lernerfahrung darstellen oder sich situativ verändern. Je schwerer eine Aufgabe ist, desto höher wird ihr Wert betrachtet und damit auch der Anreiz diese lösen zu wollen. Das Schaffen einer leichten Aufgabe hat nicht nur einen geringeren Wert, sondern kann auch bei Nichterfüllung ein Gefühl von Scham im Menschen auslösen. Das Risiko-Wahl-Modell beachtet Umweltfaktoren wie die Aufgabenschwierigkeit und personale Faktoren wie Motive und Lernerfahrungen, als auch deren Wechselwirkungen (Anreize).[41]

Um ein Verhalten vorhersagen zu können, erfolgt zuerst eine Einteilung in erfolgsorientierte (= erfolgsaufsuchende) und misserfolgsmotivierte (=misserfolgsvermeidende) Personen. Eine Motivation, Erfolg aufzusuchen (=erfolgsaufsuchende Tendenzen) setzt sich formal aus Erfolgsmotiv mal Anreiz des Erfolgs mal der subjektiven Erfolgswahrscheinlichkeit zusammen. Misserfolgsvermeidende Verhaltensweisen setzten sich formal aus Erfolgsmotiv mal Anreiz des Erfolgs mal subjektive Erfolgswahrscheinlichkeit zusammen.[42] Erfolgsorientierte Personen gehen in der Regel positiv an die Aufgabenstellung heran und wählen am Anfang tendenziell eine eher mittelschwere

---

[40] Vgl. Bak 2019, S. 101–105.
[41] Vgl. Bak 2019, S. 101–105.
[42] Vgl. Beckmann und Heckhausen 2010a, S. 133.

Aufgabe aus. Der Grund liegt darin, dass ein Erfolg einer leichten Aufgabe für sie zu wenig Bedeutung hat bzw. die Erfolgsaussichten bei einer schweren Aufgabe nicht aussichtsreich wären. Misserfolgsmotivierte Menschen wählen eher leichte oder schwere Aufgaben. Eine leichte Aufgabe, um einen Misserfolg zu vermeiden oder eine schwere, um bei einem Misserfolg eine Ausrede für ein etwaiges Scheitern zu haben. Zur Bestätigung dieser Theorie wurden auch Tests durchgeführt (unter anderem von Atkinson und Litwin, im Jahr1960). Bei einem dieser Tests wurden Personen ausgewählt, die mittels eines Rings einen Holzpflock treffen mussten. Es gab 3 verschiedene Wurfdistanzen. Erfolgsorientierte Personen tendierten eher zur mittleren Distanz als misserfolgsorientierte Personen. Karabenick und Youssef (1968) entdeckten bei Tests, dass sich erfolgsorientierte im Vergleich zu misserfolgsorientierte Personen Wortpaare besser merken konnten, nur aufgrund dessen, weil diese als mittelschwer markiert wurden. Auch vermieden misserfolgsorientierte Personen tendenziell mittelschwere Karten. Bei einfachen oder schwer markierten Wortpaaren wurden hingegen keine Unterschiede bei der Auswahl festgestellt. Eine Untersuchung von Isaacson (1964) zeigte beispielsweise, dass erfolgsorientierte Studenten auf der Universität, bei freier Auswahl, eher zu mittelschweren Kursen tendieren. Bei misserfolgsorientierten Studenten wurden hingegen keine so klaren Präferenzen festgestellt.[43]

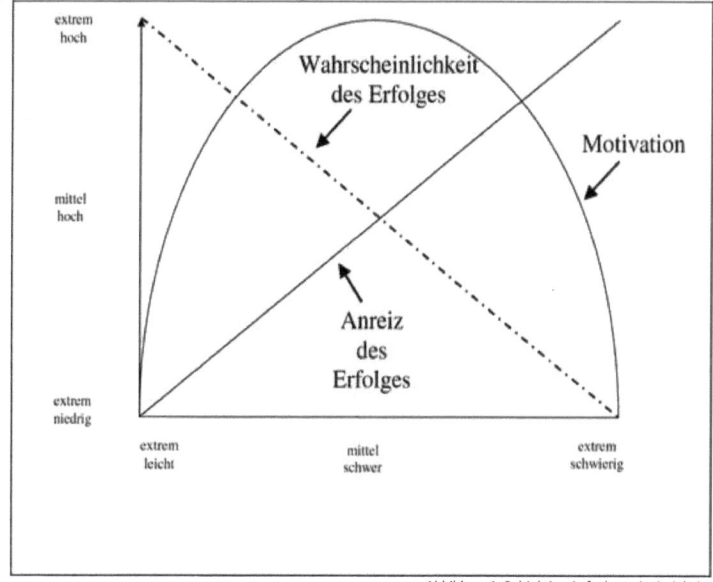

Abbildung 1: Subjektive Aufgabenschwierigkeit
(Quelle: prezi.com, 2017)

Die subjektive Aufgabenschwierigkeit (in Abbildung 1) ist für jeden individuell unterschiedlich, da der Schwierigkeitsgrad für jede Person verschieden wahrgenommen wird. Weil Erfolgsanreiz und Erfolgswahrscheinlichkeit multiplikativ miteinander verknüpft sind, kommt eine umgekehrte

---

[43] Vgl. Bak 2019, S. 101–105.

U-Funktion (in Abbildung) zustande.[44] Die Richtung des Motivs kann sich aufgrund zeitstabiler interindividueller Unterschiede verändern. Wenn der Mensch viel zu verlieren hat (z.B., hohes finanzielles Risiko bei keinen finanziellen Rücklagen) neigen sie eher zu der Gruppe der misserfolgsmeidenden Personen. Menschen, die hingegen wenig zu verlieren haben, ordnen sich tendenziell eher der Gruppe der erfolgsorientierten Personen ein.[45]

Allgemein unterstützen die empirischen Untersuchungen die Theorie des Risiko-Wahl-Modells in Bezug auf erfolgsmotivierte Personen. Bei den misserfolgsmotivierten Personen ist die empirische Evidenz hingegen nicht so stark ausgeprägt. Ein Grund dafür kann sein, dass eine positive Rückmeldung nur ein Teil der Handlungswahl darstellen kann. Ein anderer ist, dass ein Mensch Informationen über sich sammeln möchte und diese am leichtesten über die mittlere Schwierigkeitsstufe generierbar sind. Weitere Gründe wie beispielsweise Gruppendruck oder andere soziale Normen können dabei auch eine Rolle spielen. Nach Atkinson ist eine Miteinkalkulierung dieser „extrinsic factors" bei der Verhaltensvorhersage unabdingbar.[46]

Misserfolgsmotivierte und erfolgsaufsuchende Tendenzen sind additiv miteinander verknüpft. Das stärkere setzt sich durch. Hierbei spielt das Leistungsmotiv eine Rolle. Von dieser ist abhängig welche Tendenz überwiegt. Wenn bei einer Person die Furcht vor Misserfolge gleich stark ist, wie die Hoffnung auf Erfolg, kommt es zu einem Aufsuchen-Meiden-Konflikt.[47]

VIE-Modell nach Vroom

Ein bekanntes Erwartungs-x-Wert-Modell ist das Valenz-Instrumentalitäts-Erwartungs-(VIE) Modell von Vroom. Die Handlungsalternative eines Individuums hängt demnach von 3 Komponenten ab. Diese sind Valenz, Instrumentalität und Erwartung. Die Valenz umfasst die Handlungsfolge oder wahrgenommene Wert eines Handlungsergebnisses. Die Instrumentalität ist die subjektiv angenommene Wahrscheinlichkeit, dass ein Verhalten zu unerwünschten oder gewünschten Handlungsergebnissen führt sowie die subjektive Erfolgswahrscheinlichkeitserwartung. Das Konzept des VIE-Modells dient in der Motivationspsychologie etwa als Hilfestellung bei der Erklärung der Arbeitsmotivation. In den unterschiedlichsten Studien gab es aber Unstimmigkeiten an der Gültigkeit dieses Modells. In einer Metastudie von Van Erde und Thierry wurde festgestellt, dass die

[44] Vgl. Rheinberg und Vollmeyer 2012, S. 72–73.
[45] Vgl. Rheinberg und Vollmeyer 2012, S. 73–74.
[46] Vgl. Bak 2019, S. 101–105.
[47] Vgl. Beckmann und Keller 2009, S. 190.

einzelnen Handlungsalternativen eine höhere Aussagekraft besitzen als in der Summe. Die Betrachtung des VIE-Modells beschränkt sich auf Einzelpersonen und deren Motivation. In Teams ist es essenziell, weitere Motivationsaspekte hinzufügen. Bereits Karau und Williams nahmen in ihrem Collective Effort Model (besteht aus denselben Handlungsalternativen) darauf Rücksicht. Bei diesem Modell ist die Instrumentalität in ebenfalls 3 Komponenten unterteilt. Für Karau und Williams existiert ein Zusammenhang zwischen individueller Leistung und Gruppenleistung. Sowie eine Verknüpfung zwischen individuellen Leistungen der Gruppenleistung und den Folgen der Gruppe als auch der wahrgenommene Zusammenhang von individuellen Leistungen und der Gruppenfolgen. Hertel (2002) kombinierte das Collective Effort Model von Karau und Williams mit dem VIE-Modell von Van Erde und Thierry das VIST-Modell. Dieses Modell umfasst die Valenz, die Instrumentalität, die Selbstwirksamkeit und das Vertrauen.[48]

Abgrenzung vom VIE-Modell nach Vroom vom Risiko-Wahl-Modell

Bei dem Risiko-Wahl-Modell kommt es aufgrund zurückliegender Lernprozesse zu einer Erwartungshaltung. Hierbei wird die Erfolgswahrscheinlichkeit einer Aufgabe subjektiv geschätzt. Durch vergangene Erfahrungen können generalisierbare Erwartungen entstehen. Es wird beispielsweise erwartet, dass wenn Situation B genauso ausgeführt wird wie Situation A, es zu dem gleichen Ergebnis führt. Rotter (1966) nahm in seiner sozialen Lerntheorie zu der generalisierten Erwartung Stellung. Für ihn entscheidend ist die Kontrollierbarkeit, die der Handelnde seiner Auffassung nach über das Situationsergebnis hat. Nach der Theorie von Vroom kann ein Ziel auch von den Ergebnissen anderer Ziele beeinflusst werden. Hierbei spielt es eine Rolle wie viele Ziele miteinander verknüpft sind. Wenn ich beispielsweise ein großes Ziel erreiche und damit viele kleine Ziele ebenfalls als erreicht einstufen kann, steigt die Motivation dieses große Ziel zu erreichen noch weiter an.[49]

Das Risiko-Wahl-Modell und meine persönliche Wahl zur Alternative B

Die zentralen 3 Konstrukte des Risiko-Wahl-Modells sind die „Erwartung", der „Wert" und das „Leistungsmotiv". Für die Erwartung kann entweder die „subjektive Erfolgswahrscheinlichkeit" oder die „subjektive Misserfolgswahrscheinlichkeit" von Bedeutung sein.[50] Um zu wissen warum es zu der Auswahl B gekommen ist, muss zuerst eruiert werden, ob die erfolgsaufsuchende oder

---

[48] Vgl. Andressen und Konradt 2008, S. 63–66.
[49] Vgl. Bak 2019, S. 106–107.
[50] Vgl. Prof. Dr. Thomas Goschke 2013/2014, S. 18.

die misserfolgsvermeidende Tendenz höher ist. Die erfolgsaufsuchende Tendenz setzt sich aus Erfolgsmotiv, subjektivem Erfolgsanreiz und der subjektiven Erfolgswahrscheinlichkeit zusammen. Die misserfolgsvermeidende Tendenz setzt sich aus Misserfolgsmotiv, negativer Anreiz des Misserfolgs und der subjektiven Misserfolgswahrscheinlichkeit zusammen.[51] Das Erfolgs- oder Misserfolgsmotiv kann mittels eines Thematischen Apperzeptionstes (TAT), ein von Henry A. Murray und Christiana D. Morgan entwickelter Test der Motivationspsychologie, getestet werden. [52] Das Erfolgsmotiv ist bei mir deutlich höher ausgeprägt als das Misserfolgsmotiv. Dies konnte ich aufgrund eines ähnlichen Selbsttests, aufgrund dessen auch der Thematische Apperzeptionstest basiert, feststellen. Ich schaute mir die Alternative B mehrere Sekunden an und drehte den Zettel anschließend um. Hierbei konnte ich feststellen, dass meine Argumente die Alternative B zu nehmen klar dem entsprochen haben, was zu der Feststellung kommen lässt, dass es sich um ein Erfolgsmotiv handelt. Es sind keine Ängste aufgekommen, diese Arbeit nicht bewerkstelligen zu können. Auch waren es positive Motive, die mich zu der Alternative B gebracht haben.

Ich persönlich habe die Entscheidung für Alternative B getroffen, da ich grundsätzlich nicht angenommen habe, dass ich nur durch diese Wahl Misserfolge vermeiden kann. Ich bin davon ausgegangen, dass ich auch bei einer anderen Alternativwahl eine vollwertige, gute, wissenschaftliche Arbeit ausarbeiten hätte können. Mein persönliches Empfinden war, dass die Alternative weder einen sehr schweren Schwierigkeitsgrad aufweist noch einen sehr leichten. Die Theorie, dass erfolgsaufsuchende Personen eher zu Herausforderungen mit mittlerer Schwierigkeit tendieren, kann ich aufgrund dieses Selbsttest bestätigen. Der Stolz und die Freude über eine gute Note wären stärker ausgeprägt als der Ärger oder Scham bei einer schlechten Note. Der Anreiz des Erfolgs wird als wesentlich intensiveres Gefühl als der Misserfolgsanreiz wahrgenommen. Grund dafür ist, dass ich die subjektive Erfolgswahrscheinlichkeit als schaffbar aber dennoch nicht als ganz einfach einschätze. (Mittel ausgeprägt) Zusammenfassen hatte ich also erfolgsaufsuchende Tendenzen.[53]

---

[51] Vgl. BRANDSTATTER et al. 2013, S. 32.
[52] Vgl. Prof. Dr. Veronika Brandstätter-Morawietz 2015.
[53] Vgl. Prof. Dr. Thomas Goschke 2013/2014.

Literaturverzeichnis

Andressen, Panja; Konradt, Udo (2008): Selbstführung im Rahmen verteilter Führung. Eine organisationspsychologische Analyse unter Berücksichtigung virtueller Arbeitsstrukturen. 1. Auflage. Wiesbaden: VS Research.

Bak, Peter Michael (2019): Lernen, Motivation und Emotion. Allgemeine Psychologie II – das Wichtigste, prägnant und anwendungsorientiert. 1. Auflage 2020 (Angewandte Psychologie Kompakt).

Baumgarten, Reinhard (1977): Führungsstile und Führungstechniken. Berlin: Walter de Gruyter (De Gruyter Lehrbuch).

Beckmann, Jürgen; Heckhausen, Heinz (2010a): Motivation durch Erwartung und Anreiz. In: Jutta Heckhausen und Heinz Heckhausen (Hg.): Motivation und Handeln. 4, überarbeitete und erweiterte Auflage. Berlin, Heidelberg: Springer-Verlag Berlin Heidelberg (Springer-Lehrbuch).

Beckmann, Jürgen; Keller, Josef A. (2009): Risikowahl-Modell. In: Veronika Brandstätter, Jürgen H. Otto und Jürgen Bengel (Hg.): Handbuch der Allgemeinen Psychologie - Motivation und Emotion. Göttingen: Hogrefe (Handbuch der Psychologie/ hrsg. von J. Bengel ..., Bd. 11.

BRANDSTATTER, JULIA SCHULER VERONIKA; Schüler, J.; Puca, Rosa Maria; Lozo, Ljubica (2013): MOTIVATION UND EMOTION: Springer.

Dihsmaier, Erich; Paschen, Michael (2011): Psychologie der Menschenführung. Wie Sie Führungsstärke und Autorität entwickeln. Berlin [u.a.]: Springer.

French, J. R.; Raven, B. H. (1959) (1959): The basis of social power. In: D. Carwright (Hg.): Studies in social power. Ann Arbor: The University of Michigan.

Georg M. Vogel (2020): Die positiven Auswirkungen von Glück auf Persönlichkeit und Erleben. Online verfügbar unter https://diepsyche.de/die-positiven-auswirkungen-von-glueck-auf-persoenlichkeit-und-erleben/, zuletzt geprüft am 30.01.2020.

Greenberg (2013).

Lippmann (2019): Handbuch Angewandte Psychologie für Führungskräfte: Springer Berlin Heidelberg.

Mayring P. (2009): Freude und Glück. In V. Brandstätter, J. H. Otto & J. Bengel (Hrsg.). Handbuch der Allgemeinen Psychologie - Motivation und Emotion (Handbuch der Psychologie,/hrsg. von J. Bengel ... ; Bd. 11, S. 585-595). Göttingen: Hogrefe.

Myers, David G.; Hoppe-Graff, Siegfried; Keller, Barbara (2014): Psychologie, 3., vollst. überarb. und erw. In: *Aufl. Berlin ua: Springer*.

Prof. Dr. Thomas Goschke (2013/2014): Leistungsmotivation. Motivation, Emotion, Volition. Technische Universität Dresden. Dresden. Online verfügbar unter https://tu-dresden.de/mn/psychologie/ifap/allgpsy/ressourcen/dateien/lehre/lehreveranstaltungen/goschke_lehre/ws_2013/vl_motivation/VL06-Leistungsmotivation.pdf?lang=de, zuletzt geprüft am 12.02.2020.

Prof. Dr. Veronika Brandstätter-Morawietz (2015): Der thematische Apperzeptionstest. Hg. v. Universität Zürich. Online verfügbar unter http://www.psychologie.uzh.ch/dam/jcr:00000000-6323-9dae-ffff-ffffcf2cc20b/TAT.pdf, zuletzt geprüft am 12.02.2020.

Puca, Rosa M.; Langens, Thomas A. (2016): Motivation. In: Jochen Müsseler (Hg): Allgemeine Psychologie. 2. neu bearbeitete Auflage, Nachdruck als limiterte, einfarbige Sonderauflage. Berlin, Heidelberg: Springer.

Rheinberg, Falko; Vollmeyer, Regina (2012): Motivation. 8., aktual. In: *Aufl. Stuttgart: Kohlhammer (555)*.

Schmalt, H-D; Heckhausen, Heinz (2010): Machtmotivation. In: Motivation und Handeln: Springer, S. 211–236.

Schmalt, Heinz-Dieter (2009): Macht. In: *Handbuch der Allgemeinen Psychologie–Motivation und Emotion*, S. 225–230.

Schneider, Hans Dieter (1999): Macht: In: Roland Asanger und Gerd Wenninger (Hg.): Handwörterbuch Psychologie. Studienausg. Weinheim: Beltz Psychologie Verlags Union.

Schultheiss, Oliver C.; Brunstein, Joachim C. (2002): Inhibited power motivation and persuasive communication: A lens model analysis. In: *Journal of personality* 70 (4), S. 553–582.

Statista Research Department (2018): Als wie wichtig schätzen Sie die folgenden Faktoren ein, um glücklich zu sein bzw. glücklicher zu werden? Bewertung von Faktoren für das Glücklichsein in Österreich 2018. Marketagent. Online verfügbar unter https://de.statista.com/statistik/daten/studie/422090/umfrage/bedeutung-von-glueck-in-oesterreich/, zuletzt aktualisiert am 10.02.2020, zuletzt geprüft am 30.01.2020.

Statista Research Department (2019): Was ist für Sie am wichtigsten, um glücklich zu sein? Sinus-Institut. Online verfügbar unter https://de.statista.com/statistik/daten/studie/985126/umfrage/umfrage-zu-den-wichtigsten-aspekten-fuer-das-persoenliche-glueck/, zuletzt aktualisiert am 23.04.2019, zuletzt geprüft am 30.01.2020.

Statista Research Department (2020): Was ist Glück für Sie? Was bedeutet für Sie persönliches Glück? Bedeutung von Glück in Österreich 2018. Marketagent. Online verfügbar unter https://de.statista.com/statistik/daten/studie/422090/umfrage/bedeutung-von-glueck-in-oesterreich/, zuletzt aktualisiert am 10.02.2020, zuletzt geprüft am 30.01.2020.

Tanya Lewis (2017): Eine Harvard-Studie über 75 Jahre definiert den wichtigsten Schlüssel zu menschlichem Glück. Hg. v. businessinsider. Online verfügbar unter https://www.businessinsider.de/wissenschaft/harvard-studie-57-jahre-schluessel-zum-glueck-2017-10/, zuletzt geprüft am 14.02.2020.

Winter, David G. (1973): The power motive.

Yukl (2013).

BEI GRIN MACHT SICH IHR WISSEN BEZAHLT

- Wir veröffentlichen Ihre Hausarbeit,
  Bachelor- und Masterarbeit

- Ihr eigenes eBook und Buch -
  weltweit in allen wichtigen Shops

- Verdienen Sie an jedem Verkauf

Jetzt bei www.GRIN.com hochladen
und kostenlos publizieren